令人着迷的中国旅行记

墙壁上的图书馆

QIANGBI SHANG DE TUSHUGUAN

敦煌

乔冰 / 著　　智慧鸟 / 绘

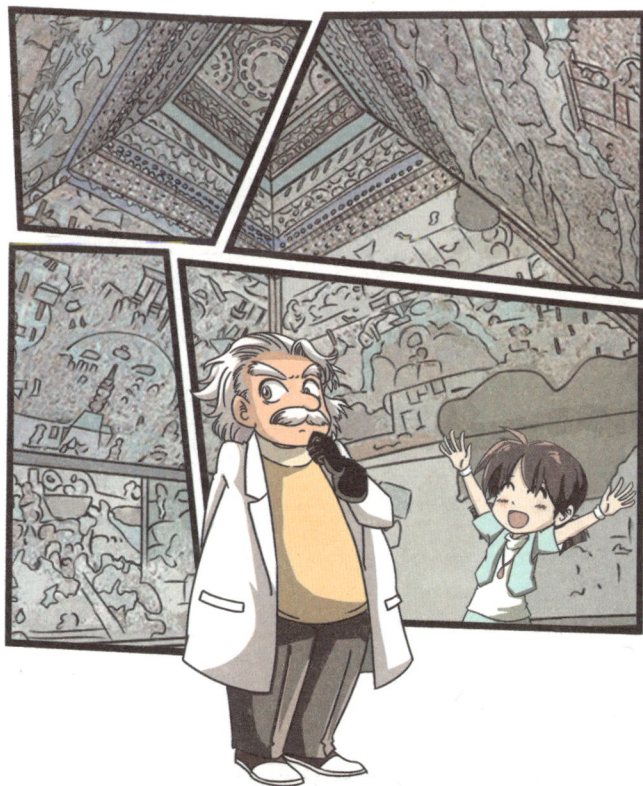

吉林出版集团股份有限公司
全国百佳图书出版单位

图书在版编目（CIP）数据

墙壁上的图书馆——敦煌 / 乔冰著；智慧鸟绘. --
长春：吉林出版集团股份有限公司，2023.2（2024.3重印）
（令人着迷的中国旅行记）
ISBN 978-7-5731-2031-1

Ⅰ.①墙… Ⅱ.①乔… ②智… Ⅲ.①敦煌 – 地方史
– 少儿读物 Ⅳ.① K295.73-49

中国国家版本馆CIP数据核字(2023) 第016496号

令人着迷的中国旅行记

QIANGBI SHANG DE TUSHUGUAN DUNHUANG

墙壁上的图书馆——敦煌

著　　者：乔　冰
绘　　者：智慧鸟
出版策划：崔文辉
项目策划：范　迪
责任编辑：徐巧智
责任校对：王　妍　　李金默
出　　版：吉林出版集团股份有限公司（www.jlpg.cn）
　　　　　（长春市福祉大路5788号，邮政编码：130118）
发　　行：吉林出版集团译文图书经营有限公司
　　　　　（http：//shop34896900.taobao.com）
电　　话：总编办 0431-81629909　　营销部 0431-81629880 / 81629881
印　　刷：唐山玺鸣印务有限公司
开　　本：720mm×1000mm　1/16
印　　张：8
字　　数：100千字
版　　次：2023年2月第1版
印　　次：2024年3月第2次印刷
书　　号：ISBN 978-7-5731-2031-1
定　　价：29.80元
印装错误请与承印厂联系　　　电话：13691178300

中国传统文化丰富多彩，民俗民风异彩纷呈，它不仅是历史上各种思想文化、观念形态相互碰撞、融会贯通并经过岁月的洗礼遗留下来的文化瑰宝，而且是中华民族几千年文明的结晶。而作为世界非物质文化遗产重要组成部分的中国非物质文化遗产，在历史、文学、艺术、科学等领域具有非同寻常的价值，正越来越受到世界各国政府、学术界及相关民间组织的高度重视。

本系列丛书为弘扬中国辉煌灿烂的传统文化，传承华夏民族的优良传统，从国学经典、书法绘画、民间工艺、民间乐舞、中国戏曲、建筑雕刻、礼节礼仪、民间习俗等多方面入手，全貌展示其神韵与魅力。丛书在参考了大量权威性著作的基础上，择其精要，取其所长，以少儿易于接受的内容独特活泼、情节曲折跌宕、漫画幽默诙谐的编剧形式，主人公通过非同寻常的中国寻宝之旅的故事，轻松带领孩子们打开中国传统文化的大门，领略中华文化丰富而深刻的精神内涵。

人物介绍

茜茜

　　11岁的中国女孩儿，聪明可爱，勤奋好学，家长眼中的乖乖女，在班里担任班长和学习委员。

布卡

　　11岁的中国男孩儿，茜茜的同学，性格叛逆，渴望独立自主，总是有无数新奇的想法。

瑞瑞

　　11岁的中国男孩儿，布卡的同学兼好友，酷爱美食，具备一定的反抗精神，对朋友比较讲义气。

欧蕊

11岁的欧洲女孩儿，乐观坚强，聪明热情，遇事冷静沉着，善于观察，酷爱旅游和音乐，弹得一手好钢琴。

塞西

9岁的欧洲男孩儿，活泼的淘气包，脑子里总是有层出不穷的点子，酷爱网络和游戏，做梦都想变成神探。

机器猫费尔曼

聪慧机智，知识渊博，威严自负，话痨，超级爱臭美；喜欢多管闲事，常常做出让人哭笑不得的闹剧。

华纳博士

43岁的欧洲天才科学家，热爱美食，幽默诙谐，精通电脑，性格古怪。

目 录

目录

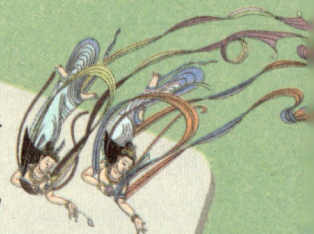

Chapter 1

戈壁滩上的城堡

扫码获取
- 角色头像
- 阅读延伸
- 趣味视频

戈壁滩上

什么情况？我们根据线索第二句提示的"鸣沙山"跑到敦煌来，怎么一下飞机就被霍曼他们盯上了？

从敦煌国际机场一路狂奔到玉门关，还是没甩掉霍曼那帮坏蛋。

他们不是坐王船出海了吗？怎么会出现在这里？

发现被骗了呗！

博士，加大油门！甩掉他们！

霍曼的车里

要不是后来有一艘渔船经过，我们早就成了鱼食了！

这一次，我要把他们都抓住！

这是哪儿？很像一座古城堡。

那是敦煌雅丹，又叫"魔鬼城"。

这样跑不是办法。趁霍曼还没追上来，你们快下车，躲进魔鬼城里去！

我把车停在了隐蔽处，你们也快找地方躲起来！

这些岩石，很像大海里的舰队。

"孔雀玉立"柱状雅丹前

我们转了半天，却怎么也转不出去。

呜呜——

那是什么声音？

声音是从魔鬼城深处传出来的，充满了哀怨。那绝对不是风声！

你快勒死我了……那的确不是风声，而是埙曲！

6

1、2、3……6个孔就能吹出曲子？

当然！这是老陶我做的6孔敦煌埙。

陶大叔，您三更半夜的吹什么埙呀？差点儿吓死我们！

我白天在附近寻找做埙的土，夜深了就在魔鬼城野营了。

玉门关

玉门关因古代地处西域玉石东输中原的要道而得名，遗址在今甘肃省敦煌市西北小方盘城，因此玉门关俗称"小方盘城"。

提到玉门关，就不得不说起张骞。张骞是西汉时期的外交家，他出使西域加强了中原和西域的联系，开辟了中国通往西方的"丝绸之路"。中国特有的丝绸、瓷器、茶叶等，开始不断运往西方国家，而石榴、葡萄等也运到了中国。

当时的玉门关是丝绸之路上的重要关卡，来往的东西方商队络绎不绝，玉门关驼铃声不断，一派繁荣景象。

雅丹——"魔鬼城"

在敦煌与新疆交界处的罗布泊荒原中,有一大片辽阔而奇特的雅丹地貌。这里条件恶劣,寸草不生,到处都是砾石沙海,有些区域外观如同古城堡,人们称为"魔鬼城"。

"雅丹"来自维吾尔语,原意是指陡壁的小丘。如今在地质学上,雅丹地貌泛指干燥地区的一种风蚀地貌。

雅丹是风力吹蚀和风沙流磨蚀作用的产物,并在形成过程中被水流侵蚀改造,因此雅丹是风力和水流交汇作用的产物。

狩猎工具 "变" 成的乐器

古时候，人们常用绳子系一个石球或者泥球，丢出去攻击鸟兽等猎物。这种狩猎用的工具，叫作"石流星"。

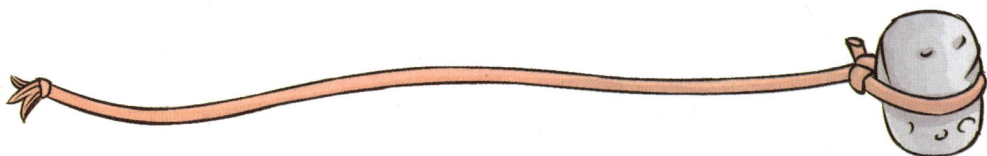

有的石流星上带有自然形成的空腔，用这样的石头投击猎物时，石头上的空腔中有空气流过，就会发出哨音。

古人觉得好玩儿，就拿起石球或者泥球来吹，"石流星"这个狩猎工具慢慢演变成了"埙"。

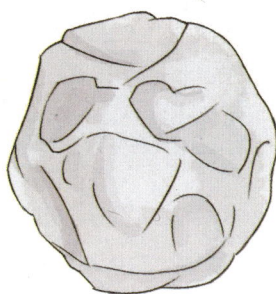

最早的埙有2个音孔，能发出3个音节，经过漫长的岁月，埙不断演变，在汉代时出现了6音孔的埙。

现在，除了6音孔的陶埙，还有8音孔、10音孔的，音孔越多，音域越宽。

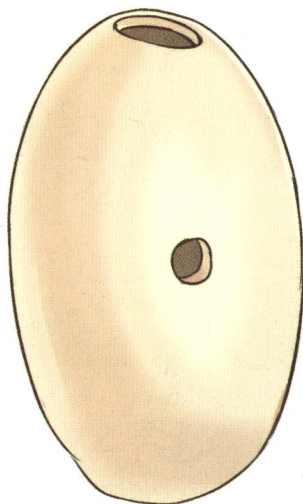

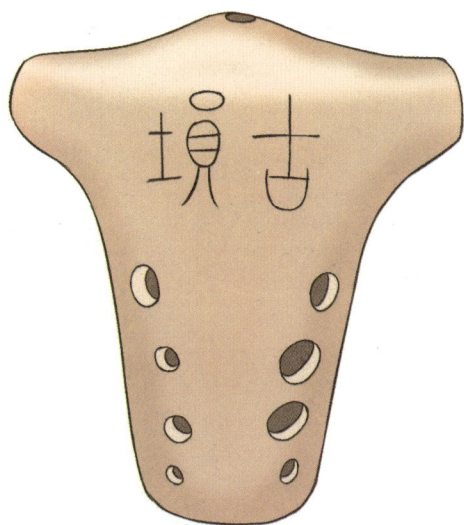

敦煌埙的制作技艺

埙的声音如泣如诉，充满苍凉之感。从选择泥土到制作成声音独特的埙，要经过数十道复杂的工序。

选土是制作埙的第一步。刚被大水冲刷过的河床上，含沙量小的泥土是制作埙的合适原料。

泥土拿回来后，经过筛选、浸泡、醒泥等工序，把得到的泥巴反复拍打、揉捏，让泥巴变得更加紧密。

把揉好的泥巴放在转台上，一边儿飞速旋转，一边儿用手指塑型。

制埙最关键的工序就是开孔，开的音孔越多，制作难度就越高。

第二章

Chapter 2

胡杨泪

戈壁滩上

这里没有信号，幸亏有陶大哥你带路。

那是什么树啊？长得既不像杨树也不像柳树。

在干旱的沙漠里还长得这么茂盛，这树可真厉害！

胡杨泪？

它们就是被誉为"沙漠勇士"的胡杨。稍后，我要去采集些胡杨泪。

夜色下的胡杨林里

这应该是胡杨的树干分泌的碱性液体。

对！用这胡杨碱做敦煌碱面，再好不过了。

我知道胡杨是"沙漠活化石"，却第一次听说它还可以用来做美食。

胡杨碱在沙漠地区已使用了上千年，在关于西域的古代文献中早有记载。

说得不错。敦煌碱面在唐代时就有了，自古以来，它一直是敦煌人用来待客的佳肴之一。

敦煌市内一家餐馆前

天还没亮呢，就这么多人！

好冷……

早上来一碗羊肉合汁，是很多敦煌人开启一大的方式。

敦煌的气温早晚时比较寒冷。不过，等喝了羊肉合汁，全身就都暖和了。

吸溜——

丸子、木耳、豆腐……一碗汤里的食材这么丰富，难怪叫合汁。

"合"指丰富的食材合起来，"汁"指羊肉炖的汤。

我最喜欢里面的羊肉夹沙，又脆又香又鲜。

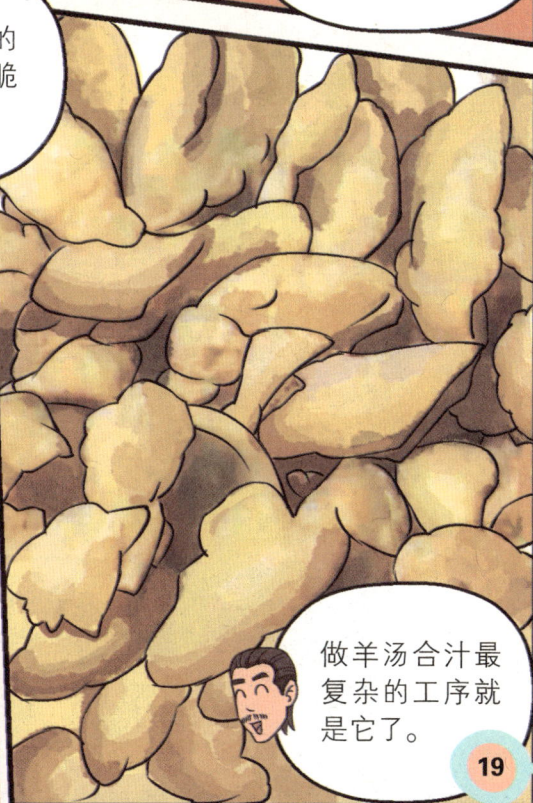

做羊汤合汁最复杂的工序就是它了。

19

喝了这汤真暖和，我都出汗了。

吃羊肉的最高境界，就是一碗汤融合了羊肉的多种做法。

多种做法？博士，您是不是撑糊涂了？

你不懂！来一碗羊肉合汁，既喝了羊肉汤，又吃了羊肉片，还品尝了羊肉丸子和羊肉夹沙！

一提到吃，瑞瑞就立即变得有学问了！

沙漠明珠——敦煌

祁连山北坡的冰川融化后，汇聚成一条河。这条河在唐代时叫"甘泉水"，清代人们开始称"党河"。

党河原本从东南方蜿蜒流向西北，却在某处突然向东北急转弯，慢慢冲积成一片沙洲。人们发现了戈壁沙漠中的这片绿洲，开始定居在此繁衍生息。

随着时间的流逝，这片古绿洲因为在丝绸之路上的重要位置，逐渐发展成了沙漠明珠——敦煌。"敦"寓意"大"，"煌"则指"盛"。

来自各地的商人通过丝绸之路来到敦煌交换物产，同时交流的还有文化。敦煌一度成为世界文明的中心之一，它的历史就像它的名字一样璀璨。

胡杨的"独门绝技"

在敦煌的地层中，科学家们发现了胡杨化石，推算它距今已有6500万年。

在极度干旱的沙漠中，胡杨为何不仅能生存下来，还能长得枝繁叶茂呢？

这是因为它有很多绝招来保持体内水分含量，防止水过度蒸发，适应荒漠环境，其中很重要的一项技能就是"流泪"。

胡杨的根系非常发达，可以扎到地下十几米深汲取水分，并通过树干节疤和裂口等处，把积累的盐、碱排出体外，凝固为白色或淡黄色的块状结晶，称"胡杨碱"，民间又称"胡杨泪"。

有这样的"独门绝技"，胡杨才能够利用高含盐量、含碱量的地下水，在荒漠中顽强成长。

升级版羊肉汤

　　敦煌自古以来就属于半农半牧的地区，食用羊肉历史悠久。这里的羊肉吃法众多，其中敦煌人最钟爱的就是羊肉合汁，并把它当作早餐的首选。

　　羊肉合汁很像升级版的羊肉汤，选用敦煌本地饲养的膘肥体壮的滩羊。羊肉洗净后切成大块，清水下锅。待羊肉快熟时，打净血沫，放入少许精盐，肉熟后捞出，剔骨，然后将骨头放回锅里，温火熬煮成汤。

　　在煮好的羊汤里掺入其他高汤，加入羊肉和粉条，再加些肉丸、炸豆腐、夹沙等配料，就做成了香喷喷的羊肉合汁。

羊肉夹沙

制作羊肉合汁时，羊肉夹沙是最重要的配料。

羊肉夹沙又名"羊肉夹板"，制作时用两张摊好的鸡蛋皮，夹上剁好的羊肉馅儿，竖切后再斜切成菱形块，然后下油锅炸成金黄色。

把炸好的羊肉夹沙、粉条、油豆腐、黑木耳、羊肉丸子、羊肉片等食材适量放进碗里，反复舀入羊汤预热，入味儿。之后浇上滚烫的羊肉汤，再加上香菜、葱花等，一碗香气四溢的羊肉合汁就做好了。它不仅营养又美味，清晨来一碗，还能驱散寒气。

会唱歌的沙子

原本我们计划到了敦煌直奔鸣沙山，结果因为被霍曼追赶，折腾到现在。

先去鸣沙山吧，说不定在那儿我们会有新发现。

"****鸣沙山"，第二句缺的4个字到底是什么呢？

听说鸣沙山的沙子会唱歌，我早就想亲耳听听是不是真的了。

鸣沙山

金光灿灿的，真像一座金山。

财迷！你们仔细看，会发现这里的沙子有红、黄、蓝、白、黑5种颜色。

塞西，我们爬上山顶，看看下滑时沙子会发出什么声音。

塞西，那边有梯子，可以爬梯子上去。

我还是第一次看到这么滑沙的呢！

我听到沙子发出轰隆轰隆的巨响，像打雷一样。

刮风时，鸣沙山也会唱歌，风越大，它唱得越响亮。

"****鸣沙山"，藏起来的4个字会不会跟沙子会唱歌有关？

不好说。快中午了，沙漠里会很晒，我们先开车去鸣沙山的另一侧。

鸣沙山东麓的断崖前

原来震惊世界的莫高窟在鸣沙山这边的断崖上！

相传莫高窟于公元366年开始建造，历经隋唐以至元代，均有修建。

你们知道为什么大部分洞窟都是沿着山壁开凿的，远看像鸽子窝，而有一个洞窟却是一座9层的高楼吗？

我在纪录片上看过相关介绍，这是为了保护第96窟内的高大的塑像，而后来建的仿古建筑。

29

第148窟门前

终于能进洞窟了！我们刚才看的几个洞窟，都大门紧锁。

为了保护壁画，每个洞窟都加上了厚实的大门，我们讲解员也只有需要讲解的洞窟的钥匙。

它睡得真香。

这壁画美得让人无法呼吸。

第85窟里

我带你们去个地方！

壁画破损得好严重，都看不清楚原来画的是什么了。

莫高窟地处沙漠的恶劣环境中，风蚀和沙尘危害严重。

陈教授和我正在用敦煌石粉彩绘技艺修复壁画。

修复壁画，是不是只要把壁画描一遍，再涂上颜色就行了？

可不止那么简单。光拿颜料来说吧，我们用的全是天然矿物颜料。

这些颜料俗称"石粉"，历经千年不褪色。像我正在使用的蓝色，是用矿物青金石制成的。

布卡，你这个冒失鬼！

咦？你们快看，纸条上那4个字显现出来了！原来这句诗是飞将邀月鸣沙山。

啪

沙子发声之谜

鸣沙也叫"响沙",或者"音乐沙",是指沙子会发出声音,属于一种普遍存在的自然现象。

鸣沙一般出现在海滩或沙漠里。在风和日丽或刮大风时,以及有人在沙子上边滑动时,沙子就会发出声响。而在潮湿的天气或下雨天时,沙子则通常默不作声。

为何有的沙子会发声,有的却不会发声呢?原来,鸣沙表面的多孔结构是其发声的关键,当人为踩踏、滑沙或沙丘发生崩塌造成整体移位时,大量砂砾相互摩擦,振动发声,因此,沙子发出了声音。

不同地方的鸣沙,发出来的声音也多种多样,比如宁夏沙坡头的沙子,会发出一种宛如钟鼓的奇特响声,雄壮浑厚,人们称之为"金沙鸣钟";而位于敦煌鸣沙山的沙子会发出轰隆的巨响,像打雷一样。

敦煌莫高窟

敦煌莫高窟俗称"千佛洞"，位于甘肃省敦煌市东南25千米处的鸣沙山东麓断崖上，南北全长约1680米，各代开凿的洞窟鳞次栉比，分布于15～30米高的崖面上。现存洞窟750多个，壁画4.5万平方米，彩塑3000多尊，木构窟檐5座。

莫高窟规模宏大，内容丰富，是中国文化艺术史上的瑰宝。

敦煌石粉彩绘技艺

    敦煌石粉彩绘是我国最古老的画种，早在汉晋时期起就遍布敦煌和周边地区。

    伴随着敦煌地区大规模地开窟造像与彩绘，原有的石粉彩绘吸收、融合了来自印度、西域等地的绘画形式与技法，形成了特征明显的敦煌民间石粉彩绘绘制体系。

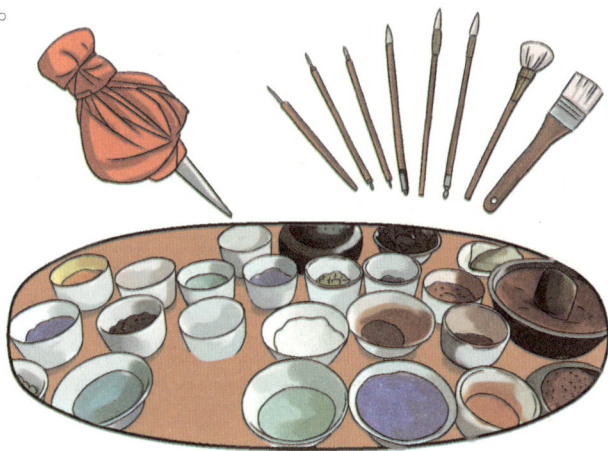

    敦煌石粉彩绘技艺主要用于寺院、洞窟、亭廊等建筑和壁画的绘制。敦煌石粉彩绘出的壁画，场面宏大、布局合理、色彩华丽、层次分明。

    2017年，敦煌石粉彩绘技艺被确定为甘肃省非物质文化遗产。

历经千年不褪色的石粉

敦煌石粉彩绘时，广泛使用天然矿物颜料着色。这些矿物颜料是在一定的地质环境下形成的，俗称"石粉"。它不仅色彩鲜艳，而且历经千年不褪色，比如红色的朱砂石，是人类最早利用的矿石，用于描绘画中人的脸部、唇及红色服饰等。

敦煌莫高窟壁画、彩塑的蓝色颜料，早期以青金石为主要颜料，后来多采用石青。

青金石是通过丝绸之路从阿富汗传入中国的，价格昂贵，好的青金石可与黄金等值。

石青就是蓝铜矿，它因为价格更低而逐渐取代了青金石，成为古代壁画中常用的蓝色矿物颜料。

Chapter 4

墙壁上的图书馆

这些壁画不仅精美，还讲述了一个个神奇动人的故事。

莫高窟壁画内容丰富，堪称"墙壁上的图书馆"。

这幅壁画画的是晚唐时期的百戏，类似我们现在的杂技。

青布幔围起来，里面有3个穿着百戏衣的演员在表演。

中间那个人在顶竹竿。

那么细的竹竿顶上，竟然站着一个小孩儿！

这是位工匠，正在制作陶器。

是的，这幅画反映了唐代西北地区的制陶情景。

它旁边那幅画，画的是位于市集一角肉铺的场景。

一条狗正懒洋洋地趴在地上打盹儿，它身边散落着几块刚啃过的骨头。

机器猫，快下来，你太重了！

这是一个乞丐变富翁的故事。在古印度一个小国，有位富翁七八岁的儿子跑丢了，沦为了乞丐。

40年过去了，乞丐乞讨到了富翁的家门口。

年迈的富翁认出了他正是自己早年走失的儿子，喜出望外。

富翁召集亲戚朋友，当众宣布自己的家产都归儿子。

好感人的故事啊！既然你们这么喜欢洞窟里的壁画，那就留下来好好欣赏吧！

霍曼？！

嗖！

糟糕！门锁上了！

哐当！

这些烟会严重损害珍贵的敦煌壁画！

41

我们被困在里面了。

敦煌壁画绝对不能毁在他们手里！

哈哈

洞口已经被我们堵住了，你们逃不掉了！

敦煌莫高窟壁画

　　莫高窟的壁画，用生动的画面记载着1000多年前古人生活的点点滴滴，传神地表达出了文字所无法表现的内容，具有重要的历史文化价值和教育意义。

　　敦煌壁画故事内容丰富，宛如墙壁上的图书馆。有的故事鼓励人们要有拼搏的勇气，有的故事教给人们处世做人的道理，有的故事则嘲笑唯利是图的人，向世人发出善意的忠告。

九色鹿

小朋友，你看过《九色鹿》吗？
《九色鹿》是根据敦煌莫高窟第
257窟北魏时期的壁画《鹿王本生》
改编而成。

该壁画描述了善良的九色鹿救了一
个溺水的人，反被此人出卖的故事。

传说在古印度恒河边，生活着一只
美丽的九色鹿。一天，它奋力救起一个
溺水者。九色鹿请溺水者保守见过自己
的秘密，溺水者满口答应，谢恩而去。

后来，王后梦见了九色鹿，想用它
的皮做件漂亮的衣服。爱妻心切的国王
便昭告天下，重金寻找九色鹿。

溺水者禁不住金钱的诱惑，带
领国王和他的军队去猎杀九色鹿。

被捉住的九色鹿看着背信弃义
的溺水者，流着泪向国王说明了一
切。国王被感动，下令任何人不许
伤害、捕捉九色鹿。

而那个溺水者因为忘恩负义，
浑身长疮，满口腥臭。

中国走向世界的第一人

在莫高窟第323窟中，精美的壁画《张骞出使西域》，生动再现了张骞一行从长安启程，一路上日晒雨淋，好不容易来到河西走廊一带，却被匈奴骑兵俘虏的故事。

整整11年过去了，匈奴的看管才稍有放松。张骞便乘机逃走，忍饥挨饿继续向西行进，随时都会晕倒在荒滩上。他终于越过戈壁沙漠，来到了大宛（古西域国名，今费尔干纳盆地）。

大宛王听说朝廷派了使者前来，喜出望外，热情地请张骞参观了大宛国的汗血马。

在大宛王的帮助下，张骞先后到了康居（故地在今乌兹别克斯坦撒马尔罕城）、大月氏、大夏等地，了解了大量有关西域各国的知识。

返回途中，张骞再次被匈奴抓获。后历尽千辛万苦，他终于又回到了长安。

张骞出使西域，加强了中原和西域的联系，开拓了丝绸之路，是当之无愧的"中国走向世界的第一人"。

壁画里古人的精致生活

现代人讲究生活品质，古人也毫不逊色。光瞧这桌上盛食物的餐具，就能看出古代敦煌人对生活品质有很高的追求。

精致的生活，怎么少得了歌舞？

来来来，乐器奏起来，舞蹈跳起来。长裙飘飘的4位女子，身上的裙带披帛飞舞，宛如仙女。在悦耳的音乐里，所有人都陶醉其中，尽情享受着乐舞带来的欢愉，感受着听觉和视觉的盛宴。

文艺青年们聚会时，棋艺比试自然不能少。来来来，下一盘棋，看看谁胜谁负。

第五章

Chapter 5

残手

第85窟外

快灭火!

这些家伙怎么办?

他们是便衣警察吗?

交给我们吧。

不。他们是石窟的守护者,看到浓烟立即赶了过来。

机器猫，升级后的你真让人惊喜！
不就是高速移动吗？用得着这么大惊小怪嘛！
当然啦！这次多亏了机器猫打败霍曼他们。
老伙计，你没事吧？
我这把老骨头结实着呢。带什么好吃的来了？让大家一起尝尝你叶老头的手艺！

你慢慢吃，我得去戈壁滩找红柳搭骨架了。

搭骨架？叶爷爷，谁骨折了？

没人骨折，他要搭的是石窟里彩塑的骨架。

彩塑还需要搭骨架？

你们跟我来。

第194窟

这么美的塑像，却少了一只手，好可惜！

塑像的断臂里面露出来的是木架。原来敦煌彩塑里面，都用木头搭了架子！

不全是，有的彩塑用的是石胎骨架，比如第148窟里的卧佛。

木头和石头那么硬，能搭出如此随意的形状？

53

手掌是用木板做骨架，而手指的指骨，则是用红柳的枝条做的骨架。

红柳？是那种沙漠野生的植物红柳吗？

就是它。红柳的枝条不仅强韧，而且可以随意弯曲，用来做手指、飘带的骨架很合适。

想不到红柳还有这样的妙用。

用红柳枝条做好骨架后，榫接绑扎，然后在上面敷泥，就变成逼真的手了。

我们正好得再去趟鸣沙山。老人家，我开车载您一段吧。

戈壁滩

我在这里采集红柳枝条，咱们就此别过。

工匠们用戈壁滩随处可见的红柳枝条搭骨架，做出巧夺天工的敦煌彩塑，真厉害！

幸亏有叶先生这样的能工巧匠，莫高窟里残破的彩塑才有机会恢复如初。

好渴！

博士，快停车！

太好了，有水喝了！

那是海市蜃楼，不是真的湖泊！

你们俩快回来，小心前面有流沙！

敦煌彩塑

相传，莫高窟始建于前秦建元二年，隋唐至元代，均有所修建，现存彩塑像3000余身，是一部形象的雕塑艺术史。

这些塑像主要是泥塑，这是因为莫高窟的石窟开凿在砾岩上，不能进行雕刻，工匠们便采用泥塑的传统方法塑像。因泥塑外层涂有均匀的彩绘，故称"彩塑"。

彩塑使用的颜料也取自于天然矿石，色泽艳丽持久。

彩塑一般位于洞窟正厅中间，壁画则作为装饰和陪衬，分布在四壁和窟顶。

敦煌彩塑制作技艺

敦煌彩塑制作的程序主要为搭骨架、制泥、塑造、敷彩4个阶段。

能够历经千年保存完好，敦煌彩塑无论是在选料、配方，还是在工艺、手法、用色等方面，都有独特之处。就以给彩塑搭骨架来说，一般有木胎、木架、石胎3种结构，工匠会根据泥塑体量大小选择适合的结构，最常选择的是木架。

中型彩塑骨架大多取材于红柳，根据塑像造型进行扎制。敦煌古代工匠最善于利用树木，他们选用适当弯曲的树木枝干或根茎，稍加斧凿，就能鲜明生动地展现出人物身体的曲线动态。比如红柳，枝干、根茎弯转曲回，就是制作彩塑躯干、肢体的上好的骨架材料。

制泥

想做出一件理想的彩塑作品，制泥是很重要的一步。

一般彩塑的制泥，是在石板上用木槌反复捶砸泥巴，制出软泥。

敦煌气候干燥，泥巴很容易脱水。当地的彩塑工匠们经过反复琢磨，总结出一种当地特有的工艺：采用当地河床沉淀、板结的细土，又叫"澄板土"，加入适量麦秸、棉花等植物纤维和黄沙，掺水和制。

因为澄板土胶性差，必要时还需要在外表泥层中加入适量的蛋清。经过这种方法处理后，彩塑泥胎坚固耐久，表面质感光洁莹润。

塑匠和画匠的合作品

　　敦煌彩塑和民间彩塑有很多不同。因为体量较大，如采用民间彩塑绘色形式，会显得平庸且缺乏感染力，所以，敦煌彩塑通常是塑匠和画匠的合作品。制作彩塑的最后一步——敷彩，已不是普通的着色，而是在雕塑上绘画，由塑匠完成塑造后交给画匠进一步制作，同时体现塑匠和画匠两方面的卓越技艺。

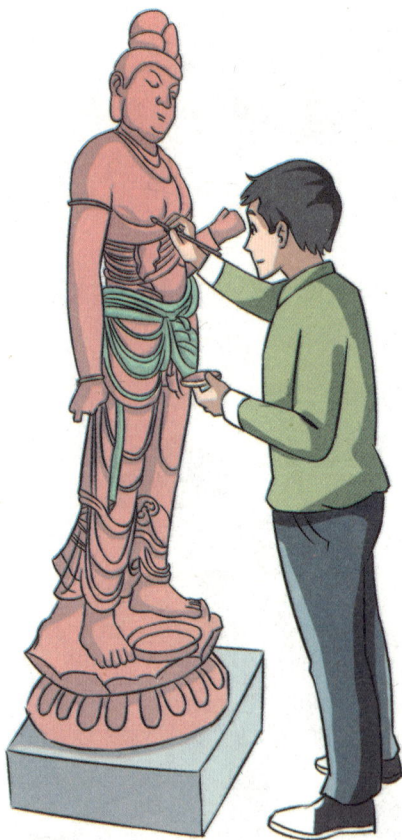

　　敦煌彩塑早期以土红为主导色，朴实厚重；中、后期青绿色调运用广泛，特别是到了唐代，青绿调子华丽而不失清新，使敦煌彩塑精致、自然。

第六章

Chapter 6

飞天舞

扫码获取

☑ 角色头像
☑ 阅读延伸
☑ 趣味视频

放松，将身体尽量倾斜！

拽住我的胳膊，我拉你上来！

沙子的力量很大，千万别强拉硬扯，以免拉伤孩子！

敦煌古城

在沙漠里，竟然有座这么大的城？

肯定又是海市蜃楼！

你们这次看到的不是幻景。我们的影片就打算在这座古城里进行拍摄。

在这里拍摄过很多好看的影视剧，比如《敦煌》《封神演义》《新龙门客栈》等。

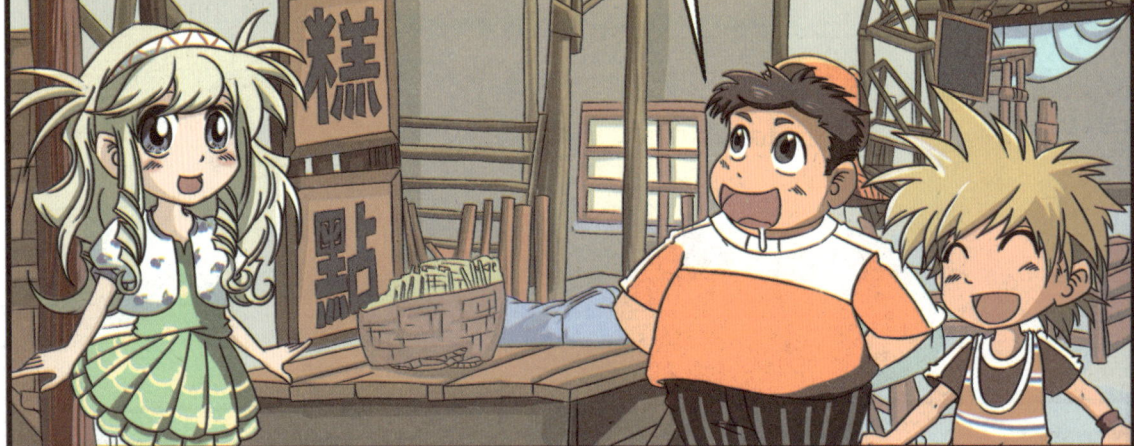

仙女姐姐在跳舞！

中间的是小雅姐姐吗？

是的，是小雅。她们正在表演飞天舞。

飞天舞？难道字条上写的"飞将邀月"的"飞"字，跟飞天舞有关？

不就是歪脖子，扭屁股，勾脚尖吗？我也会！

敦煌舞的典型姿态，的确是"S"形三道弯式：歪颈、拧腰、移胯、勾脚。

真难看！小雅姐姐她们跳得像仙女，你嘛……像怪兽！

都是动胳膊，她们怎么能扭出那么多道弯来？

机器猫，你的身体都是硬邦邦的钢铁做的，无论如何也做不出那样柔软的姿态的。放弃吧！

手臂的多棱、多角、多弯，是敦煌舞的另一个显著特征。

那你学着跳一个飞天舞看看，可能还不如我呢。

敦煌古城

位于大漠戈壁上的敦煌古城，建筑风格具有浓郁的西域风情。古城开东、西、南三门，城楼高耸。

古城内由北宋时期的高昌、敦煌、甘州、兴庆和汴梁5条主要街道组成。街道两边配以当铺、货栈、酒肆等，展现了不同地域的建筑风格，再现了很多唐宋时期的敦煌重镇的风采，是中国西北古代建筑艺术的博物馆，也是西北最大的影视拍摄基地。

很多与古代丝绸之路、敦煌相关的影视作品都曾在此取景，像人们熟知的《神探狄仁杰》《鸿门宴》，就是在此拍摄完成的。

敦煌舞

　　敦煌舞是根据敦煌莫高窟壁画中的人物形象，结合西域的文化特色编创出来的舞蹈。

　　敦煌舞和其他舞蹈都不同，它是对敦煌壁画舞姿特色的提炼和概括，具有独特的风格。

　　敦煌舞又分成许多不同的舞码，不同的技巧，我们常听到的"飞天"是其中的一支舞，大部分是戴着披帛一起跳，显现出在空中飞舞的情境。

飞天

飞天舞的灵感来自敦煌莫高窟的壁画。

在敦煌莫高窟的大多数洞窟的壁画中都画有飞天。这些飞天是一千余年间，不同时代的艺术家陆陆续续为我们留下的艺术精品，其艺术形象、姿态和意境、风格和情趣各有不同。

飞天是敦煌莫高窟的"名片"之一。只要看到优美的飞天，人们就会想到敦煌莫高窟艺术。从艺术形象上来说，敦煌飞天不是某一种文化的艺术形象，而是多种文化的复合体。敦煌飞天飘带飞扬，形象潇洒，其线条流畅有力，用色绚丽多彩，层层迭染，加金线提神，惊艳绝伦，是世界美术史上的一个奇迹。

活了的敦煌壁画

　　以丝绸之路文化和敦煌壁画为素材创作的敦煌舞《丝路花雨》，被誉为"活了的敦煌壁画"。

　　为了创作这部作品，编创者们潜心研究敦煌壁画与我国古诗中关于舞蹈的动作和意境的描绘，将一个个静止的画面，编织成了动人心弦、形神兼备的舞蹈。

　　《丝路花雨》"复活"了千年之前的敦煌，其舞蹈场面绚丽多彩，如敦煌集市上的百戏、莫高窟的反弹琵琶舞、梦幻中的柘枝舞、大名鼎鼎的霓裳羽衣舞等十几种不同的舞蹈，难度高，造型精妙。

　　1994年，《丝路花雨》获中华民族20世纪舞蹈经典作品"金像奖"。

第七章

Chapter 7

顶灯

扫码获取

- 角色头像
- 阅读延伸
- 趣味视频

借过借过!

这个声音怎么这么熟悉?你是……霍曼?

你长没长眼睛!

是药效很强的麻醉药。看来，他们是想偷袭我们。

刚才如果不是你撞到他，后果不堪设想！

叔叔，您为什么头顶上顶个碗呀？

这是曲子戏《顶灯》中的装扮，一会儿就要开演了。

那几个家伙一直在城里鬼鬼祟祟地跟着你们，我觉得不对劲儿，就悄悄地跟着。

《顶灯》？光听名字就感觉很有趣，我要去看！

敦煌古城"沙州"标识旁的空阔处

顶灯，顶到了三（呀）更，顶得我脖子转了筋。

这个节目真有趣！

顶灯，顶到了四（呀）更，顶得我腰酸腿又疼。

加油！

你们怎么这么没同情心？

戏里的这个丈夫可是一个外出打牌，农活儿也不干的家伙。

他妻子很生气，不准他睡觉，让他顶一晚上的灯！

他妻子很是厉害，不仅让他顶灯，还罚他钻凳子呢！

不务正业？那是该罚！

好好钻！要是敢灭了脑袋上的灯，有你好看！

哈哈！

哎呀……凳子太矮了，碰到我了！

还要抬着头不让灯掉下来，好难啊。

这曲子戏诙谐生动，很是有趣。

曲子戏跟敦煌藏经洞出土的曲子词可是一家子！

藏经洞？里面一定藏着好多宝贝！

一言难尽。我们该去鸣沙山了，路上我慢慢说给你们听。

敦煌古城外的戈壁滩上
原来藏经洞是一个叫王圆箓的道士无意中发现的！
好可惜，里面有很多文物后来都被那个叫斯坦因的家伙骗走了。
别光顾着想藏经洞，都警觉点儿，霍曼那帮家伙不会善罢甘休的。
不会吧？那帮家伙才刚被赶走……啊，谁在拽我的水晶项链？啊……啊……

你们从哪里冒出来的？这里刚才明明没人！

我这斗篷可以模拟周遭环境，当然可以骗过你们的眼睛！哼，你抓得还真紧，不过我还是抢到了半截项链，嘿嘿……

你们还愣着干什么？还不快去把另外半条项链抢回来！

哼，那就等着我把你们打得满地找牙吧！

藏经洞

1897年，一位叫王圆箓的道士来到了莫高窟。他看到这里一片废墟，无人看管，自愿承担起守护莫高窟的重任。他到处募捐，积攒钱财，用于清理洞窟中的积沙。

1900年，王道士在已经清理干净的第16窟的甬道里，无意中发现北面的墙壁不同寻常。

"墙壁那边有空洞！"

王道士立即凿开了墙壁，眼前的场景让他目瞪口呆。那是一个密室，里面藏有从公元4世纪到公元11世纪的佛教经卷、社会文书、绢画、刺绣、铜像等文物5万多件，因此被称为"藏经洞"。

自此，后来被敦煌莫高窟编号为17窟的藏经洞，在尘封多年以后，终于重见天日。

被揭走的壁画

听闻敦煌莫高窟发现价值连城的文物，西方人打着探险考古的幌子，纷纷前来。

1907年，英国人斯坦因心急火燎地赶到，以200两白银的白菜价，从王圆箓手里骗走了200捆经书、24箱文书和5大箱绢画丝织物。

当时的清政府腐败无能。自斯坦因之后，短短几年工夫，一批批价值连城的绢画、麻布画、木版画、经文等，相继流失。

美国人华尔纳不仅雇人凿佛像，还用涂有黏着剂的胶布，从洞窟揭下了26块唐代精品壁画。这种粗暴的方式导致壁画严重受损，令人心痛。

曲子词

敦煌曲子词，为唐人写本，自藏经洞被发现后传世，但多有散失，其中大部分为伯希和、斯坦因所劫走，分别藏于法国国家图书馆和大英博物馆。中国古文献学家王重民于1934年赴法国国家图书馆整理敦煌遗书，历时多年编成《敦煌曲子词集》。《敦煌曲子词集》在词史上有重要价值，对研究唐代社会及民间说唱文学具有重要意义。

创作敦煌曲子词的作者中，不乏乐工、游子、征夫、僧人、商人、士卒、医生等。由于作者来自社会各领域，使曲子词的题材和内容丰富多样，涉及神话故事、历史传说、社会生活等各方面，艺术风格多元。

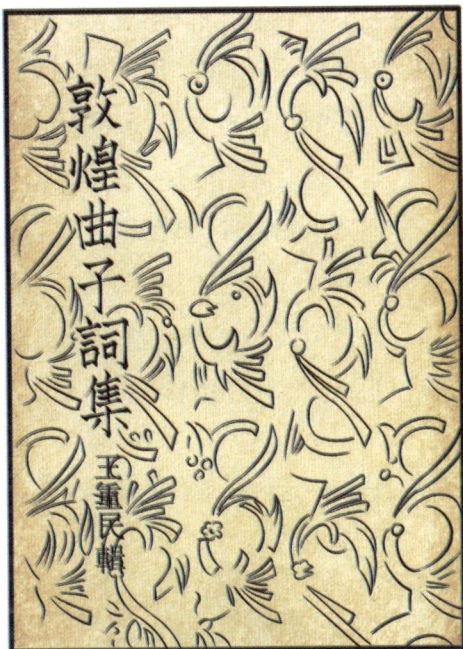

曲子戏

　　敦煌曲子戏可追溯至唐宋时期，其最早源于曲子词。在曲子词被封存于藏经洞的漫长岁月里，曲调优美、特色鲜明的敦煌曲子戏却始终在民间流传。

　　敦煌曲子戏的演出形式，有舞台演出和地摊坐唱两种，其中舞台演出俗称"彩唱"，有文武场和服装道具，道白用当地方言，表演要求旦角扭得欢，走得飘，舞蹈轻盈活泼，形象生动；丑角则需幽默，滑稽伶俐。

　　地摊坐唱俗称"清唱"，不受演出场地的限制，不需服装道具，只要表演者嗓子好、唱调准、曲调多，就可以入座献唱。

　　最初的曲子戏只有清唱。人们在劳作之余，三五个人凑在一起敲碟打碗，就能演上一场精彩的曲子戏。

第八章 Chapter 8

千古绝技

扫码获取

☑ 角色头像
☑ 阅读延伸
☑ 趣味视频

快撤!

呼!

可恶的障眼法!明知道他们还在附近,可就是找不到!

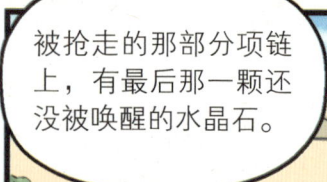

被抢走的那部分项链上,有最后那一颗还没被唤醒的水晶石。

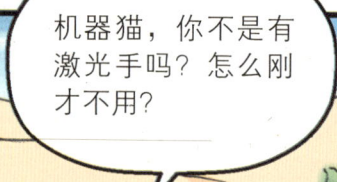

机器猫,你不是有激光手吗?怎么刚才不用?

激光手的使用次数是有限制的,5天内只能用一回。不过别担心,我已经趁乱在霍曼身上装了追踪器。

敦煌汉长城

机器猫，你确定霍曼他们跑到这里来了？

你是在怀疑我的追踪技术吗？

这古老的汉长城，已经在大漠里经历了2000多年的风吹日晒，却还屹立不倒。

汉长城跟我在北京看到的万里长城，怎么一点儿也不像？

汉长城是树枝、草苔与黄泥层层相压而成，跟用砖石建造的明长城区别很大！

原来如此。

89

呜呜，我还有好多美食没吃呢，我不想死！

机器猫，你的技能呢？

黄沙严重干扰了我，我的技能施展不了了。

别怕，总会有办法的。

天渐渐暗了
下来……

咦，那边
有火光！

布卡，这就是你搬的救兵，
太不自量力了。

兄弟们，去给他们点颜色看看……

可恶，你们动作也太快了，搞得我眼花缭乱的……到底用的是什么工具破坏了我的发型。

刚才着急，忘记把剪纸匣子放在车上了。

刚才还在用它剪敦煌的飞天，现在却剪出一条最流行的破洞牛仔裤来！

喜欢你的新发型不？这是我们平时用来剪纸的剪刀，今天还是第一次给别人剪头发呢！

长城

　　"长城"一词，最早出现在春秋战国时期，表示"长长的城墙"。各个朝代纷纷建造连绵不断的城墙和烽火台，历经十余个朝代，持续2000余年，是人类历史上修筑时间最长的建筑工程。历代长城随着不同的地形、山势和地貌而筑，大都建在山岭的最高处，长达万余千米，号称"万里长城"。

　　目前保留最好、最壮观的长城，是明代在北京地区修建的八达岭长城。

　　建造长城的主要原料是石块，可敦煌的汉长城却要建造在一望无际的荒漠上，根本没有充足的石料。

　　于是工匠们独具匠心，就地取材，建造出了坚固程度可以和现代的钢筋混凝土建筑相媲美的城墙。

汉长城

敦煌北湖、西湖一带，生长着大片红柳、芦苇、胡杨等植物。

修建汉长城时，心灵手巧的工匠们就地取材，以这些植物的枝条为地基，在上面铺上土、砂砾，再夹上芦苇，层层夯筑。

用这样的方法分段修筑，然后相连，就成了坚固的汉长城。

长城内低洼地铺盖细沙，称为"天田"，以观察脚印之用，是一种防御措施。

长城沿线，每隔一段距离就建有一座烽燧，用来举火报警，传递消息，以防备敌兵的骚扰和入侵。报警的方式主要是将芦苇捆扎成束或堆成方形、圆形，然后点燃。

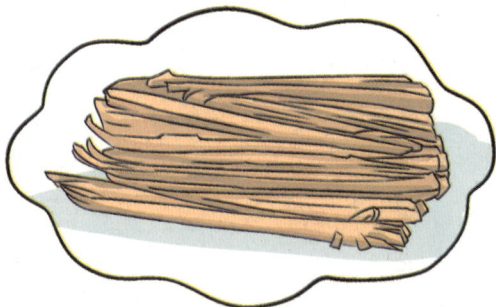

敦煌剪纸

在敦煌，几乎家家户户的妇女都会剪纸。逢年过节，她们就会拿起剪刀，表达心中的万千情感。中秋节时，剪玉兔窗花贴在窗上；小孩儿出生时，剪十二生肖贴在小宝宝的床上，属相为兔则剪兔，属相为猴则剪猴……

这些生长在大西北的民间剪纸艺人，不仅心灵手巧，而且拥有得天独厚的条件。

因为敦煌莫高窟的存在，敦煌剪纸的创作题材不再拘泥于传统的民俗风情，而是和莫高窟壁画紧密联系。他们根据莫高窟壁画用剪刀创作出一幅幅栩栩如生的、具有鲜明敦煌特色的作品，如千姿百态的飞天、翩翩起舞的乐伎……

指尖上的莫高窟

剪纸的历史在很久以前就开始了，那时候纸张还没有出现，所以古人只能用树叶、兽皮等材料。

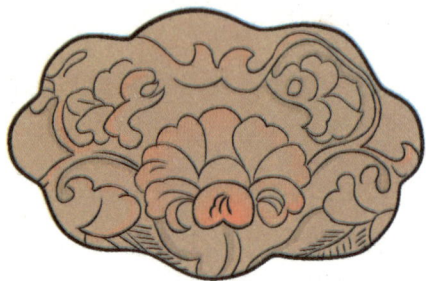

因为剪纸不易保存，所以很少有留存下来的古代剪纸作品，但在敦煌藏经洞出土的古代文献中，却发现了唐代、五代、北宋等时期的许多剪纸图样。这说明敦煌剪纸的历史源远流长，至少在唐代就有剪纸活动了。

通过剪纸，敦煌莫高窟的壁画也从石窟中"走"了出来，进入了寻常百姓家。

剪纸艺人认真观察壁画，细细揣摩，创作出了极具表现力的剪纸作品，比如用有活力的弧线来表现飞天的飘带，用规则又略带动感的火光纹来表现佛光，增强神秘效果。

这些展现敦煌壁画的剪纸，被人们形象地称为"指尖上的莫高窟"。

第九章
Chapter 9

飞将军

快救人！

太谢谢大家了！

让他们缓一会儿，等呼吸顺畅了，就没事了。

多亏了你们。要是再晚一会儿，我们就要窒息了。

可惜那颗水晶石还在霍曼手里。

就是它！我需要一条结实的线，把断了的项链重新穿起来。

你说的是不是这个？那个被剪了头发的坏蛋逃走时，从他口袋里掉出来的。

我们正准备去夜市卖剪纸，咱们一起去吧。

敦煌夜市

敦煌夜市也叫沙州夜市,一到晚上就热闹非凡。

我闻到了好多种美食混在一起的香味儿。

在这里可以淘到好多有地域特色的东西。

我好喜欢这个沙漠骆驼。

我喜欢那个飞天,在灯光下特别好看。

根据莫高窟中彩塑的造型，用戈壁上的胡杨木雕出的这些作品，很是别致。

这些瓶子花花绿绿的，真好看。

那是沙瓶画，是利用彩色沙在瓶中堆砌出的艺术画。

它最早出现在中东，是生活在沙漠里的阿拉伯人的艺术品。

因为敦煌是古丝绸之路上的重镇，所以沙瓶画跟着商人们来到了这里。

啊——

？ ？ ？ ？

看到了吧？当把酒倒入杯子，放在月光下，杯子就会闪闪发亮。

难怪叫夜光杯，原来真的能在夜晚发光。

当然不是！夜光杯倒入烫酒不爆，盛冷酒不裂，实用得很。

这么漂亮的酒杯，一定很娇气吧？

"葡萄美酒夜光杯"，葡萄酒和夜光杯可是绝配。

这杯子像纸一样薄，摸起来特别光滑。

夜光杯的要求就是杯薄如纸，表面光滑细腻。

夜光杯的杯壁厚度，1~2毫米最佳。

厚一点儿多好，更结实！

杯壁过薄会色泽发白，而且容易碎，过厚的话，杯子就不透亮了。

这是我刚从那边买的。老板说是用李广杏做的，李广杏来头可大了！

吹牛！这能有什么来头？

相传李广杏是西汉飞将军李广在敦煌的时候栽培出来的。

咬一口李广杏，蜜汁一样的果汁就会喷射而出，我们当地人都爱吃，可惜现在不是季节。

飞将军栽培的杏？

敦煌夜市

作为丝绸之路重镇，敦煌夜市充满丝路风情，不管是这里的手工艺品还是民间小吃，都有着鲜明的敦煌特色和浓郁的民俗风情，被誉为敦煌"夜景图"和"风情画"。

敦煌夜市从天黑开始，一直到午夜一两点钟，甚至三四点钟才结束，人流如潮，一派繁华。

在敦煌夜市，有很多特色小吃，如长寿碱面、莫高酿皮、胡杨焖饼、拨疙瘩等。

独具匠心的工艺品更是敦煌夜市的一大特色。当地的艺术家们把莫高窟精美的壁画和彩塑，以及大漠风情，栩栩如生地展现在了木块、画布上，让人爱不释手。

夜光常满杯

夜光杯是一种琢玉而成的名贵饮酒器皿。西汉东方朔《海内十洲记》中记载，西周时的周穆王姬满，应西王母的邀请，赴瑶池盛会。席间，西王母馈赠姬满一只碧光粼粼的酒杯，名曰"夜光常满杯"。周穆王如获至宝，从此夜光杯名扬千古。

夜光杯的制作有28道复杂的工序。先需要精选上乘玉料，根据酒杯的尺寸切成不同规格的圆柱体，再按一定尺寸制作毛坯，然后切削和精磨外形，形成夜光杯的雏形，再经过掏膛使夜光杯基本成型。

最后通过细磨、冲、碾、拓、抛光、烫蜡等14道工序后，用马尾网打磨，即制成晶莹剔透的夜光杯。

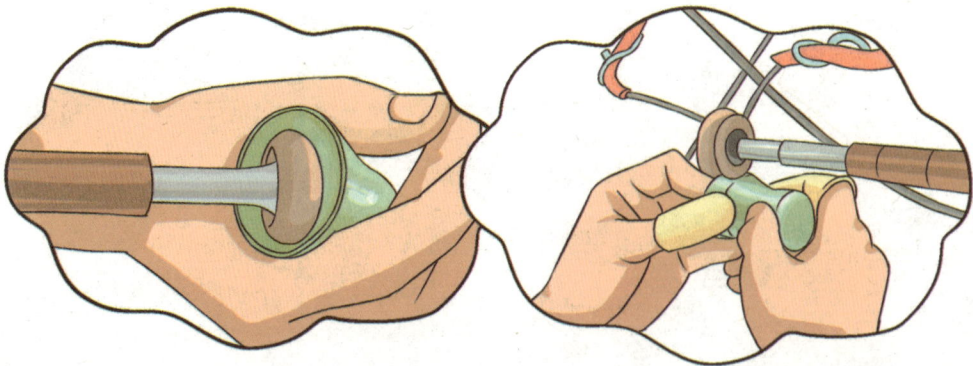

葡萄美酒夜光杯

　　雄才大略的汉武帝，为了让过往的商旅得到护佑，就在敦煌等地驻扎了大量的军队。

　　大批将士远离故土，长年驻守敦煌。将士们用夜光杯喝葡萄酒，以排解常年征战的苦闷和对故土的思念，正如诗中写的那样："葡萄美酒夜光杯，欲饮琵琶马上催。醉卧沙场君莫笑，古来征战几人回？"

　　"葡萄美酒"和"夜光杯"在敦煌交汇在一起，用夜光杯盛葡萄酒不仅颜色不变，而且味道更浓。

"夜光"的真相

夜光杯并不是到了晚上就会自动发光。

古人喜欢在月光或者烛光下饮酒，而装有酒的夜光杯，由玉石精制而成，壁薄如纸，纹理清晰。虽然玉石本身并不会发光，但是通过月光等光的折射，杯体似乎透而发亮，使得杯中的酒水更加清澈，熠熠生辉。

夜光杯上布满了浑然天成的独特纹路，杯身的厚度及制作夜光杯的玉的色彩有所不同：有的碧如潭水、有的色彩斑斓、有的晶莹剔透……因此夜光杯所呈现的色泽也略有不同，各具特色。

第十章

杏皮水

扫码获取

- 角色头像
- 阅读延伸
- 趣味视频

戈壁滩上

博士，您觉得"飞将邀月"的"月"指的是月牙泉？

难道是月牙泉边种出来的李广杏的味道？

现在还只是猜测，最后一种唤醒水晶石的味道，可能跟月牙泉和李广杏有关。

太难听了。求求你别唱了！

就在天的那边，很远很远，有美丽的月牙泉，它是天的镜子，沙漠的眼……

月牙泉

沙漠和泉水共存，真是奇迹。

四周都是黄沙，月牙泉却始终清澈见底。

这种鱼，我以前从来没见过。

那是铁背鱼，是月牙泉里生长的一种稀有鱼种，背如铁肚如雪，寿命可长了。

月牙泉小镇

谢谢你们帮我提水。这里就是我家了，请进来歇歇吧。

少女家的院落里

哈哈，又见面了！

这到底是怎么回事？

哎呀……是谁？是谁暗算我？！

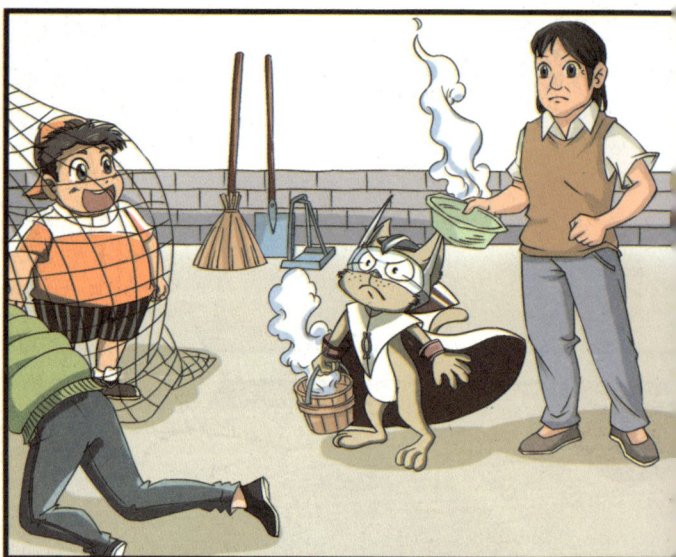

邝可！

你怎么会在这儿？你不是被渔网罩住了吗？

意外吧？我的超高速可不是吃素的！

机器猫，多亏你救了我。哼，想利用我这个老太婆威胁我孙女干坏事，想得美！

快尝尝我刚煮好的杏皮水，就当作替我孙女道歉了。

对不起。

没关系，你也是没办法……啊呀，杏皮水甘甜清香，真好喝。

这是用李广杏熬制的，我们敦煌人不管男女老少，都好这一口。

原来，杏皮水就是唤醒最后一颗水晶石的味道！

115

太好啦！10颗水晶石都已经被唤醒了！

经历了那么多困难，我们终于做到了。

呜呜，我好难过……能给我喝口杏皮水吗？

还有件事一定要做——把这群坏蛋送到大漠深处，免得他们再害人！

咣！

大漠深处

救命啊……

千年风沙不掩月牙泉

位于沙漠之中的月牙泉形状如一弯新月，自汉代起就是敦煌八景之一，是沙漠奇观。

为何地处大漠，月牙泉能历经千年不干涸，也没有被风沙掩埋呢？

那是因为祁连山的冰雪融水持续补充着地势较低的月牙泉一带的地下水层。此外，月牙泉有着得天独厚的地形，它处于鸣沙山环抱之中。这里常年刮东风，在特殊的风力作用下，沙子总是沿山梁向上卷。

四奇三宝

月牙泉有"四奇""三宝"。

"四奇",其一是月牙泉的形状千古如一,月牙泉千百年来始终是新月的形状;其二是沙山之中不掩于沙,月牙泉被沙山包围,但一直以来,沙子始终无法把月牙泉掩埋;其三是恶境之地清流成泉,虽然月牙泉地处沙漠之中,但是这里的泉水却十分清澈;其四是古潭老鱼食之不老,用夸张的手法,说月牙泉里的鱼很有营养,食用后有强壮身体的效果。

"三宝",指的是铁背鱼、五色沙和七星草。

敦煌水果之王

　　李广杏是敦煌特产，这种杏树最早生长于新疆和田地区。西汉时，著名的大将军李广将新疆杏树嫁接到敦煌本地的杏树上，人们把这样结出的杏子叫作"李广杏"。

　　敦煌绿洲三面都是沙漠，早晚温差大，日照强，嫁接之后的果树结出的杏子比李子还大，果皮薄而且金黄油亮。不仅如此，这种杏子果肉的含糖量还很高，咬一口，蜜汁一样的果汁就会喷射而出，成为敦煌的水果之王。

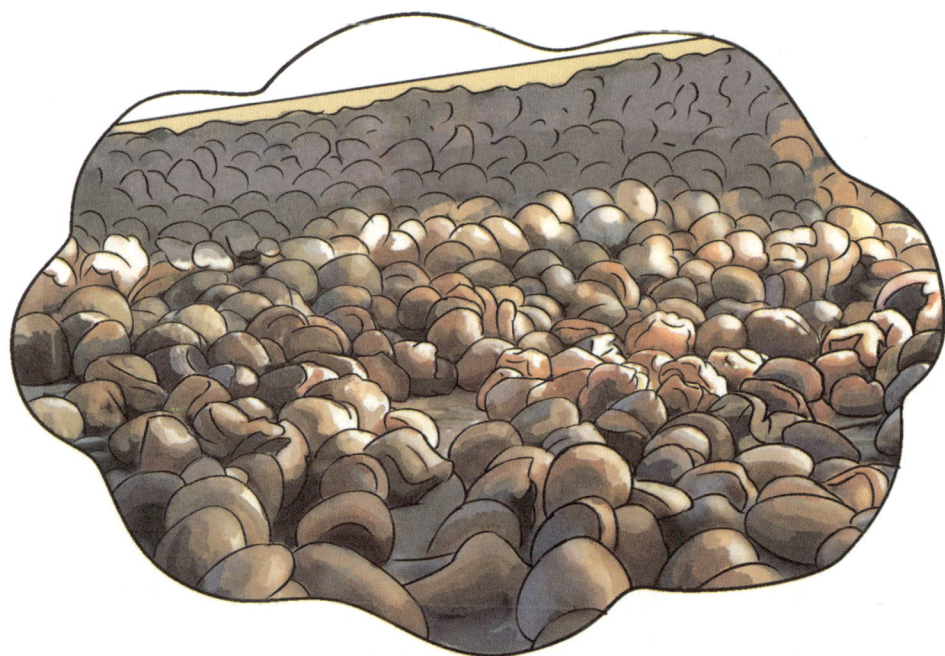

看漫画
领专属角色头像